안녕? 내 이름은 소미예요.
산과 바다로 둘러싸인 '안녕 마을'에 지금 막 도착했어요.

※ 일러두기
▸ 이 책의 정보는 한국민족문화대백과사전, 한국세시풍속사전, 한국민속신앙사전, 두산백과를 참고했습니다.
▸ 절기는 태양의 위치에 따라 바뀌기 때문에, 24절기의 날짜는 해마다 조금씩 달라집니다.
  이 책에서는 한국민족문화대백과사전에 따른 기준으로 써 주었습니다.

오늘이 특별해지는 명절·절기·세시 풍속

안녕? 열두 달

박보미 글·그림

안녕 마을은 여러 동물 가족들이
자연과 더불어 살아가는 곳이에요.
도시에서는 좀처럼 찾아보기 힘든 옛 풍속이
고스란히 남아 있는 정겨운 마을이지요.
나는 한 해 동안 이곳에 머무르면서,
안녕 마을의 열두 달을 빠짐없이 기록할 거예요.
앞으로 커서 여행 작가가 되고 싶거든요.
나는 왈이네 집에 짐을 풀자마자
마을을 한 바퀴 둘러보았어요.
이 마을에선 어떤 재미난 일들이 펼쳐질지
벌써부터 가슴이 두근거려요!

차례

1월·2월·왈이네

- 8 **이달의 행사** 1월, 2월
- 10 **이달의 절기** 소한, 대한, 입춘, 우수
- 12 **이달의 명절** 섣달그믐, 설 정월 대보름

3월·4월·고미네

- 20 **이달의 행사** 3월, 4월
- 22 **이달의 절기** 경칩, 춘분, 청명, 곡우
- 24 **이달의 명절** 영등, 삼짇, 한식

5월·6월·꿀이네

- 30 **이달의 행사** 5월, 6월
- 32 **이달의 절기** 입하, 소만, 망종, 하지
- 34 **이달의 명절** 부처님 오신 날, 단오
- 38 **이달의 기념일** 어린이날

왈이네
할머니(약사), 아빠(사진 작가), 엄마(그림책 작가)
몽이(14, 여), 왈이(8, 남), 쭝이(6, 남)
자상하고 지혜로운 할머니가 계신 왈이네. 삼대가 오손도손 정다워요.

고미네
엄마(파티시에), 고미(8, 여)
알콩달콩 사이좋은 엄마와 딸. 소미 엄마도 어릴 적에 안녕 마을에 놀러 왔다가 고미 엄마랑 단짝이 되었대요. 지금 소미와 고미처럼요!

꿀이네
아빠(요리사), 엄마(주부), 꿀이(8, 남), 뚱이(7, 여)
꿀이네 집에선 일 년 내내 달콤하고 고소한 냄새가 나요. 꿀이네는 곧 태어날 막내 콩이와 만날 날을 손꼽아 기다리고 있어요.

7월·8월·람이네

- 42 **이달의 행사** 7월, 8월
- 44 **이달의 절기** 소서, 대서, 입추, 처서
- 46 **이달의 명절** 유두, 칠석, 백중

9월·10월·토야네

- 52 **이달의 행사** 9월, 10월
- 54 **이달의 절기** 백로, 추분, 한로, 상강
- 56 **이달의 명절** 추석, 중양

11월·12월·나비와 두기네

- 62 **이달의 행사** 11월, 12월
- 64 **이달의 절기** 입동, 소설, 대설, 동지
- 66 **이달의 기념일** 크리스마스

람이네
아빠(자동차 정비사), 다람(8, 남), 보람(8, 남), 우람(8, 남)
다람이, 보람이, 우람이는 삼둥이예요. 람이네는 장난꾸러기 삼둥이 때문에 늘 시끌벅적해요.

토야네
할아버지, 할머니, 아빠, 엄마
호야(13, 여), 토야(8, 여), 미야(5, 여), 미미(5, 여)
마을의 가장 어른인 할아버지가 계신 토야네. 네 자매가 쏙 빼닮았지만, 성격은 다 달라요.

나비와 두기네
엄마(피아노 선생님), 아빠(영어 선생님)
나비(8, 여), 두기(8, 남)
나비네 새아빠와 두기는 바다 건너 먼 나라에서 왔어요. 서로 말을 다 알아듣지는 못하지만, 네 식구가 모이면 하하 호호 웃음이 끊이지 않아요.

우아, 드디어 해가 떠올라요!
해돋이를 보면서 새해를 맞으니 기분이 정말 좋아요.
밤새 차를 타고 달려왔지만, 하나도 피곤하지 않아요.
새해 첫 해돋이를 보았으니, 올해는 좋은 일만 가득할 거예요.

이달의 행사 1월

해돋이를 보고 나서 온천에 왔어요.
추운 몸도 녹이고, 묵은 때도 벗겨 내요.
겨울에는 역시 뜨끈한 온천이 최고예요!

목욕하고 마시는 바나나우유는 꿀맛!

우아, 월척이다!

겨울 축제
꽁꽁 언 강에 동그란 구멍을 내서 얼음낚시를 해요.
왈이랑 쫑이는 누가 누가 더 큰 물고기를 잡는지 내기해요.

새해 인사
새해를 맞아 가족, 친척,
친구들과 덕담을 주고받아요.

2월

오늘은 왈이네 누나, 몽이 언니의 졸업식이에요.
곧 중학생이 된다고 생각하니, 언니가 오늘따라 더 멋져 보여요.
빛나는 졸업장을 탄 언니한테 예쁜 꽃다발을 선물했어요.

몽이 언니, 졸업 축하해!

밸런타인데이(2월 14일)
사랑하는 사람끼리 초콜릿을 주고받는 날이래요.

왈이야, 섭섭해하지 마! 생일잔치는 3월 1일에 하자.

윤년
왈이 생일은 2월 29일,
4년에 한 번 있는 윤년에만 돌아와요.

이달의 절기

소한 | 가장 추운 시기 | 1월 5일 무렵

소한은 '작은 추위', 대한은 '큰 추위'라는 뜻이지만,
이름과는 반대로 소한이 대한보다 훨씬 추워요.
왈이네 할머니가 그러시는데,
'대한이 소한 집에 가서 얼어 죽었다'는 속담도 있대요.

절기

옛날에는 주로 농사를 짓고 살았어요.
농사가 잘되려면 날씨가 무척 중요해요.
그래서 태양의 움직임에 따른 날씨와 동식물의
변화를 관찰해 일 년을 24절기로 나누었어요.
옛날에는 절기마다 할 일이 정해져 있었대요.

대한 | 한 해를 마무리하는 절기 | 1월 20일 무렵

소한 추위를 겪고 나면 대한 추위쯤 아무것도 아니지요.
대한만 지나면 날이 풀리기 시작할 거래요.
새봄을 기다리는 마음으로 긴긴 겨울을 즐겁게 견뎌요.

건강한 겨울나기

· 밖에 나갈 때는 옷을 여러 벌 껴입어
　몸을 따뜻하게 해요.
· 따뜻한 물을 많이 마셔요.
· 난방 기구를 사용한 뒤에는
　전원을 잘 껐는지 꼼꼼히 살펴요.

입춘 | 봄의 시작을 알리는 첫 번째 절기 | 2월 4일 무렵

입춘은 봄이 시작되는 날이에요.
집집마다 대문이나 기둥에 '입춘대길 건양다경(立春大吉 建陽多慶)'
글귀를 붙이고 봄을 맞아 모두에게 좋은 일이 가득하길 빌어요.

입춘축
왈이네 대문에도 입춘축을 붙였어요.

입춘채
차가운 눈 밑에서 돋아난 햇나물을 뜯어다 맛있게 무쳐 먹어요.

우수 | 봄비가 내리고 새싹이 돋는 때 | 2월 19일 무렵

'우수와 경칩에 대동강 풀린다'는 속담처럼
우수가 지나면 겨울 추위가 물러나요.
언 땅이 녹아 벌레들이 꿈틀대고, 풀과 나무가 깨어나기 시작해요.

철새 이동
겨울새 기러기는 봄기운을 피해 다시 북쪽으로 날아가요.

분갈이
새봄을 맞아 집 안의 화분들을 손보았어요.

이달의 명절

섣달그믐 | 음력 12월 30일 무렵

섣달그믐은 음력으로 한 해의 마지막 날이에요.
음력이란 달의 움직임을 중심으로 만든 달력이에요.
이날은 지난해를 차분히 돌아보고 새해를 반갑게
맞이하자는 뜻에서 새벽닭이 울 때까지
잠을 자지 않아요. 섣달그믐에 잠을 자면 눈썹이
하얗게 센다고도 하고, 굼벵이가 된다고도 해요.

아아, 어떡해.
눈썹이 하얗게 세어 버렸어!
우리 정말 굼벵이 되는 거예요?

대청소와 목욕
집 안의 먼지를 싹 털어 내고,
온몸의 묵은 때도 개운하게 씻어 내요.

골동반
새해에는 새 음식을 먹어야 하니까, 남은 밥과
묵은 반찬을 모두 모아 비빔밥을 만들어 먹어요.

묵은 빚 갚기
새해가 오기 전에 남에게 빌렸던
돈이나 물건을 모두 돌려줘요.

설 | 음력 1월 1일

설은 새해가 시작되는 기쁜 날이에요.
아침 일찍 일어나 설빔을 곱게 차려입고,
정성스러운 음식으로 조상님께 차례를 올려요.
어른들께는 세배를 드리고요.
"새해 복 많이 받으세요."
예쁘게 절하면 복돈이라며 세뱃돈도 주시지요.
고운 한복에 맛있는 음식, 기분 좋은 덕담에 세뱃돈까지,
내일도 모레도 글피도 설날이면 좋겠어요.

떡국
새해에는 떡국을 먹어야 한 살을 먹는대요.
장수와 건강을 뜻하는 긴 가래떡을 어슷어슷 썰어서 끓여 먹어요.

난 떡국 세 그릇째야.
왈이야, 이제부터 누나라고 불러.

청참
새해 첫 새벽에 거리로 나가 처음 듣는 소리로
한 해 운세를 점치는 풍습이에요.

복조리 걸기
조리를 사서 부엌이나 안방,
마루에 걸어 두면 조리로
쌀을 일듯 복이 일어난대요.

설 | 음력 1월 1일

떡국을 배불리 먹고, 다 같이 둘러앉아 윷놀이를 해요.
둘로 편을 가르고, 차례차례 윷을 던져요.
도, 개, 걸, 윷, 모! 윷 나와라, 윷! 모 나와라, 모!
누구 말이 가장 먼저 최종점에 들어오는지 내기해요.

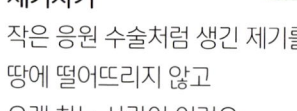

제기차기
작은 응원 수술처럼 생긴 제기를
땅에 떨어뜨리지 않고
오래 차는 사람이 이겨요.

와, 소미는 연날리기 선수네!

연날리기
하늘 높이 연을 날리며 묵은해의 안 좋은 일들을
훌훌 털어 버리고, 새해에는 복이 가득하기를 빌어요.

널뛰기
긴 널빤지 중간을 괴어 놓고 양쪽 끝에 한 명씩
올라서서 번갈아 뛰어 오르는 놀이예요.

한복 입는 법

남자아이

1. 버선을 버선코가 앞으로 오도록 한 발씩 당겨 신어요.
2. 바지에서 폭이 큰 쪽이 오른쪽 다리에 오도록 입어요.
3. 바지 허리폭을 잡아서 왼쪽으로 넘겨 접고, 흘러내리지 않도록 허리띠를 묶어요.
4. 색동저고리를 한 팔씩 차례로 꿰고 오른섶이 안으로, 왼섶이 밖으로 오도록 고름을 매요.

여자아이

1. 속바지를 입고 솜버선을 버선코가 앞으로 오게 한 발씩 당겨 신어요.
2. 속치마를 입은 뒤 겉치마를 몸에 둘러요.
3. 치마 겉자락은 왼손, 안자락은 오른손에 펼쳐 들고 치마끈을 앞으로 내어 매듭을 지어요.
4. 색동저고리를 한 팔씩 차례로 꿰고 오른섶이 안으로, 왼섶이 밖으로 오도록 고름을 매요.

   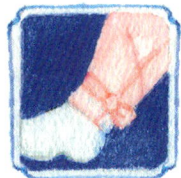

대님 매기

1. 바짓부리를 가지런히 정리해요.
2. 바짓부리를 잡고 뒤로 돌려 바깥쪽 복사뼈에 대요.
3. 안쪽 복사뼈에 대님을 대고 두 번 돌려 감아요.
4. 매듭을 매고 바지를 정리해요.

고름 매기

1. 긴 고름은 왼손, 짧은 고름은 오른손에 들고 짧은 고름이 위로 가도록 엇갈려 묶어요.
2. 짧은 고름으로 고리를 만들어요.
3. 긴 고름을 접어 고리 안에 넣어요.
4. 두 가닥의 고름이 거의 같은 길이가 되도록 매만져요.

절하는 법

남자아이

1. 왼손이 위로 가도록 양손을 포개고, 팔꿈치와 손이 수평이 되도록 해요.
2. 포갠 손을 눈높이로 들었다가 허리를 굽혀 땅을 짚고, 왼쪽 무릎을 먼저 구부려요.
3. 오른쪽 무릎을 구부리고 팔꿈치를 바닥에 붙여 얼굴을 숙이면서 절해요.

여자아이

1. 오른손이 위로 가도록 양손을 포개고, 팔꿈치와 손이 수평이 되도록 해요.
2. 포갠 손을 어깨높이로 올리고, 왼쪽 무릎을 먼저 구부려요.
3. 오른쪽 무릎을 구부리고, 허리를 굽혀 얼굴을 숙이면서 절해요.

정월 대보름 | 음력 1월 15일

정월 대보름은 새해 첫 보름달이 뜨는 날이에요.
대보름 달빛이 어둠을 몰아내듯 질병과 재앙을 모두 몰아내고,
보름달처럼 넉넉한 한 해가 되길 비는 날이지요.
대보름날 해 뜨기 전에 만난 상대의 이름을 불러서 대답을 하면
"내 더위 사려!" 하고 외쳐요.
더위를 사지 않으려면 "내 더위 맞더위!" 하고 얼른 받아쳐야 해요.

부럼 깨물기
대보름날 아침에는 밤이나 호두, 땅콩처럼
껍데기가 단단한 과일을 어금니로 오도독
깨물어 깨뜨려요. 그러면 이가 튼튼해지고
피부에 부스럼이 생기지 않는대요.

오곡밥과 보름나물
정월 대보름에는 다섯 가지 잡곡을 섞은
오곡밥과 묵은 나물을 삶아 무쳐 먹어요.
보름나물을 먹으면 여름 더위를 거뜬히 이긴다고 해요.

예부터 달이 차고 기우는 것을 보며
날짜를 헤아리고 농사를 지어 온 우리에게
정월 대보름은 설 못지않게 중요한 명절이에요.
낮에는 풍물패가 온 마을을 돌아다니며 지신밟기를 하고,
저녁에는 달집도 태우고 쥐불놀이도 해요.
대보름날 하는 놀이는 모두 풍년을 비는 놀이예요.

달집태우기
짚이나 솔가지 따위를
높이 쌓아 달집을 지어 놓고,
달이 떠오르면 불을 붙여요.
달집이 활활 잘 타오르면
마을에 풍년이 든대요.

쥐불놀이
논둑과 밭둑에 불을 놓아 해충을
없애고 쥐를 쫓는 풍습이에요.
기다란 막대기나 줄 끝에
불을 달고 빙빙 돌리며 놀아요.

봄, 봄, 봄, 봄이 왔어요!
코끼리 열차를 타고 꽃구경 가요.
고운 꽃과 여린 새잎을 눈에 가득 담았더니,
마음도 봄빛으로 물드는 것 같아요.

고미네와 함께한
3월 · 4월

이달의 행사 — 3월

오늘은 안녕 초등학교 입학식이에요.
새 옷에 새 가방을 메고 고미랑 같이 학교에 가요.
선생님과 새 친구들을 만날 생각을 하니,
가슴이 콩닥콩닥 뛰어요.

고미는 꿀이랑 짝꿍이 되었어요.
다 같이 사이좋게 지내자!

봄맞이 대청소
창문을 활짝 열고 집 안 곳곳을 청소해요.
겨울 이불과 겨울옷은 깨끗하게 세탁해서 정리해 두어요.

삼일절(3월 1일)
일제 강점기 때 일본에 맞서
만세 운동을 펼친 것을
기념하는 날이에요.

4월

오늘은 손꼽아 기다리던 소풍날!
꽃이랑 풀, 나무 이름도 배우고 보물찾기도 해요.
살랑살랑 바람에 흩날리는 벚꽃 비를 맞으며
먹는 도시락은 정말 꿀맛이에요!

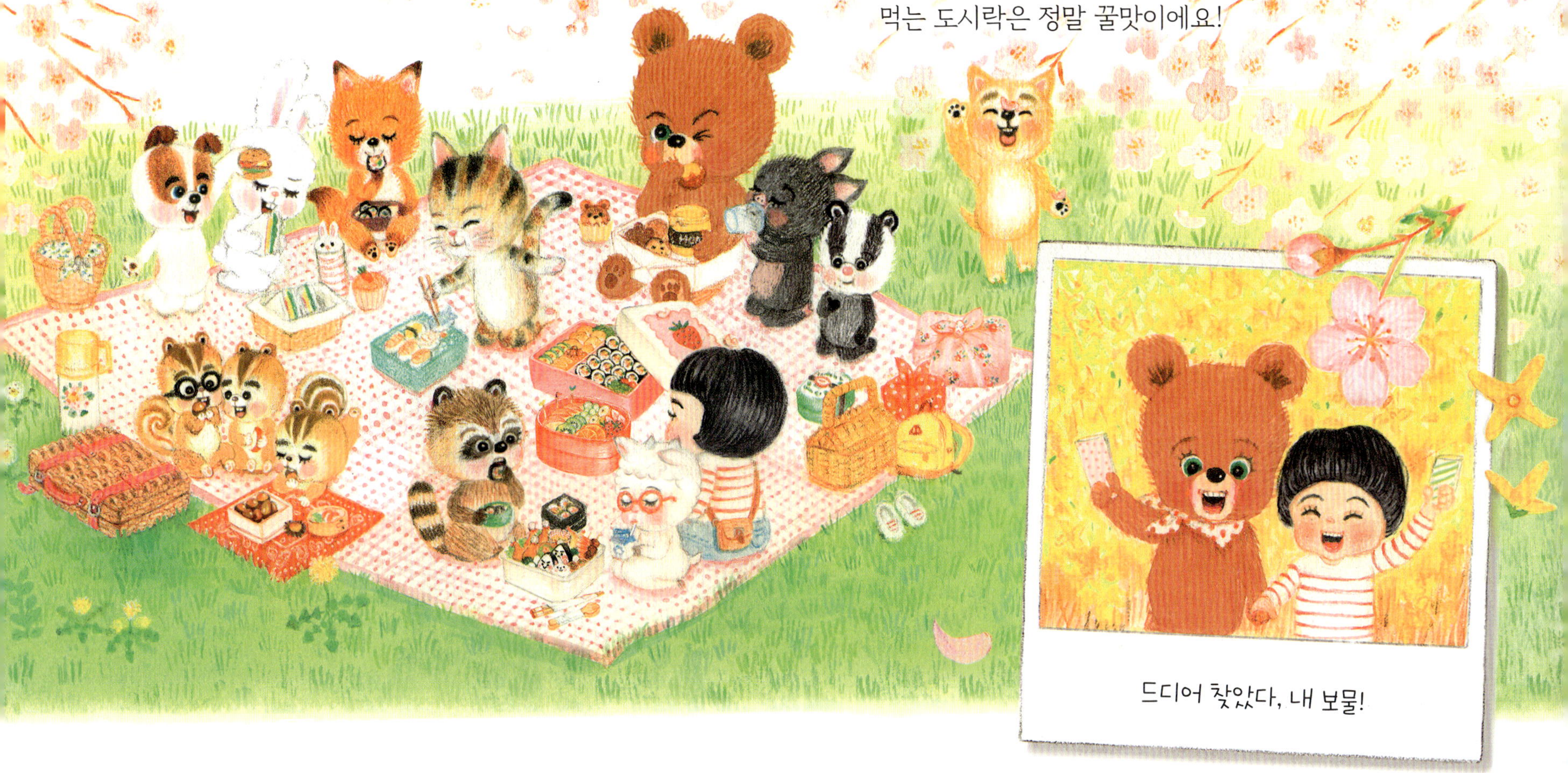

드디어 찾았다, 내 보물!

딸기밭 체험
고미와 함께 싱싱한 딸기를
한 소쿠리 땄어요.
딸기잼을 만들어서 친구들에게
선물할 거예요.

아, 새콤달콤해!

과학의 날(4월 21일)
고무 동력기 날리기 대회에서
고미가 일등을 했어요.

이달의 절기

경칩 | 개구리가 깨어나는 날 | 3월 5일 무렵

겨울잠을 자던 친구들이 하나둘 깨어나고,
나뭇가지마다 새싹이 돋아나요.
겨울 동안 꽁꽁 움츠렸던 동식물이
기지개를 켜는 때예요.

자연 보호
· 작은 생명은 되도록 건드리지 않아요.
· 꽃이나 풀, 나무를 함부로 꺾지 않아요.
· 산림 보호 기간에는 산에 올라가지 않아요.

춘분 | 밤낮의 길이가 같아지는 날 | 3월 21일 무렵

밤낮의 길이가 같아지고 날이 포근해져요.
이 무렵에 갑자기 한겨울처럼 추워지는 때가 있는데,
꽃이 피는 걸 시샘하듯 춥다고 해서 '꽃샘추위'라고 불러요.

건강한 봄나기
· 일기 예보를 보며 날씨를 확인해요.
· 밤낮으로 온도 차가 크니,
  얇은 옷을 여러 겹 껴입어요.
· 집에 돌아오면 몸을 깨끗이 씻고, 옷을 갈아입어요.
· 황사나 미세 먼지가 심한 날에는 외출을 삼가요.

청명 | 나무 심기 좋은 날 | 4월 5일 무렵

하늘은 맑고 날은 따뜻해서 나무 심기 좋은 때예요.
나무를 심고 내 이름표를 붙이는 '내 나무 심기'를 했어요.

식목일(4월 5일)
나무를 심고 가꾸는 날이에요.

텃밭 가꾸기
텃밭에 채소 씨앗들을 뿌려요.

곡우 | 단비가 내리는 날 | 4월 20일 무렵

곡우는 봄비가 내려 온갖 곡식이 잘 자란다는 뜻이에요.
곡우 무렵에는 벼농사의 시작인 못자리를 만들어요.
우리도 고미네 할머니 댁에 가서 못자리 만드는 걸 거들었어요.

곡우물 마시기
곡우에는 나무에도 물이 가득 차올라요.
자작나무에서 나는 물을 마시기도 해요.

못자리 만들기
모판에 고운 흙과 물에 불린 볍씨를 담아
싹이 틀 때까지 기르는 곳이 못자리예요.

삼짇 | 음력 3월 3일

삼짇날은 강남 갔던 제비가 돌아오는 날이에요.
산에 들에 연분홍빛 진달래가 한가득 예쁘게도 피었어요.
옛날에는 삼짇날이 여자들의 잔칫날이었대요.
산으로 들로 나가서 진달래화전이랑 화채도 만들어 먹고,
꽃노래도 부르고 꽃싸움도 하면서 온종일 신나게 놀았대요.

진달래화전
찹쌀 반죽을 동그랗게 빚어 진달래를 얹고 기름에 지져 내요.

진달래   철쭉   산철쭉

철쭉을 진달래로 알고 먹었다가는 큰일 나요.
철쭉에는 독이 있거든요.
진달래는 잎보다 꽃이 먼저 피고,
철쭉은 잎과 꽃이 동시에 피거나 잎이 먼저 나요.
또 철쭉 꽃잎에는 짙은 적갈색 반점이 있어요.

한식 | 4월 5일 무렵

한식은 조상을 기리며 산소를 돌보는 날이에요.
옛날에는 한식이 설날, 단오, 추석과 함께 4대 명절 중 하나였어요.
오늘은 아침 일찍 일어나 고미네 할아버지 산소에 성묘를 왔어요.
산소에 수북이 자란 풀을 베어 내고 주변을 깨끗이 정리해요.

한식에는 불을 피우지 않고 찬 음식을 먹어요.
불이 귀했던 옛날에는 일 년 내내 불씨를 꺼트리지 않고 잘 지켰다가,
봄이 오면 묵은 불을 끄고 새 불을 피웠어요.
그래서 전날 미리 음식을 만들어 두었다가 먹었대요.

불조심
봄에는 날씨가 건조하고 바람이 세서
불이 나기 쉬워요. 조심 또 조심해야 해요.

봄기운이 물씬, 향긋한 봄나물

햇빛은 반짝 바람은 살랑 놀기 좋은 날이에요.
꿀이네 앞마당에 온 동네 친구들이 모두 모였어요.
신나게 뛰어놀다 보니 다들 배에서 꼬르륵꼬르륵
천둥소리가 나요. 애들아, 밥 먹자!

꿀이네와 함께한

5월·6월

이달의 행사 5월

오늘은 기다리고 기다리던 어린이날!
놀이공원에 가서 온종일 신나게 놀고,
저녁에는 짜장면이랑 탕수육도 먹을 거예요.
날마다 날마다 어린이날이면 좋겠어요.

오늘은 어린이날 우리들 세~상 ♪♬

어버이날(5월 8일)
엄마 아빠 가슴에 정성스레 만든 카네이션을 달아 드려요.

스승의 날(5월 15일)
선생님께 감사 편지를 써요.

부부의 날(5월 21일)
오늘은 부부의 날이자,
꿀이네 엄마 아빠의 결혼기념일이에요.
해마다 이날엔 가족사진을 찍었대요.
내년 이맘땐 다섯 식구가 되어 있겠네요.

6월

"애들아 나와 보렴. 반가운 손님이 왔구나."
꿀이네 아빠 목소리를 따라 뒤뜰로 나가 보니
밤하늘이 온통 불빛으로 반짝반짝해요.
반딧불이가 찾아온 걸 보니 여름이 성큼 다가왔나 봐요.

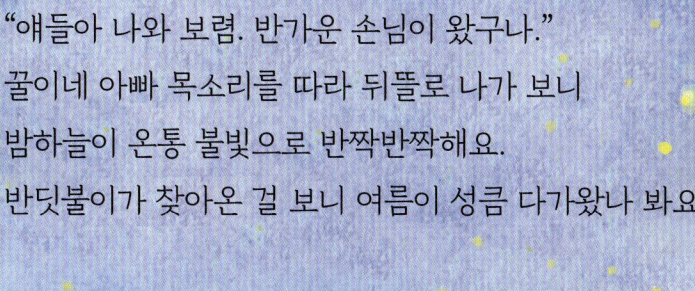

어, 별도 아닌데 반짝거리네!

반딧불이야. 정말 예쁘지?

밤새 곁에 두고 싶지만, 그만 놓아 줘야겠지?

현충일(6월 6일)
나라를 위해 목숨을 바친 분들을 기리는 날이에요.
이분들을 모신 곳이 현충원이지요.
꿀이네 할아버지도 여기 잠들어 계세요.

태극기 다는 법
국경일이나 기념일에는 집 앞에 국기를 달아요.
현충일이나 국군의 날처럼 슬픈 날에는
국기를 깃봉에서 깃면만큼 내려서 달아야 해요.

이달의 절기

입하 | 여름의 시작 | 5월 6일 무렵

입하는 여름에 들어선다는 뜻이에요.
산과 들은 초록으로 물들고, 개구리 우는 소리가 들려와요.
모판의 모가 쑥쑥 자라는 만큼 잡초나 해충도 부쩍 늘어나는 때지요.

여름맞이
· 여름옷과 여름 이불을 꺼내 정리해요.
· 선풍기랑 에어컨을 깨끗이 닦아요.
· 모기랑 벌레가 들어오지 못하게 방충망을 꼼꼼히 손봐요.

소만 | 만물이 자라 가득 차는 시기 | 5월 21일 무렵

소만에는 햇빛이 좋아 모든 것이 무럭무럭 잘 자라요.
농촌에서는 모내기가 시작되면서 일 년 중 가장 바쁜 시기로 접어들어요.
오늘은 고미네 할머니 댁에 가서 모내기 체험을 하기로 했어요.

죽추
모든 나무가 푸르게 우거지는 이때
오직 대나무만 누렇게 변해요.
봄에 새로 자라는 죽순에게
영양분을 모두 주었기 때문이래요.
대나무의 가을이란 뜻에서 '죽추'라고 해요.

망종 | 까끄라기 곡식을 거두고 심는 때 | 6월 6일 무렵

망종은 보리처럼 껍질에 깔끄러운 수염이 있는 곡식을 거두는 때예요.
망종 무렵부터 보리를 거두고 논에 모를 옮겨 심어요.

새참
일을 하다 잠깐 쉬면서 먹는 음식을 말해요.

하지 | 낮이 가장 긴 날 | 6월 21일 무렵

하지는 일 년 중 낮이 가장 긴 날로 자그마치 14시간 35분이나 된대요.
한낮에 해가 가장 높이 뜨고, 햇볕의 양도 가장 많은 날이지요.
이 열이 쌓여서 하지가 지나면 몹시 더워진대요.
농촌에서는 모내기를 끝내고, 잡초 뽑기와 병충해 예방에 힘쓸 때예요.

친환경 농사법
환경을 오염시키는 비료와 농약을 사용하지 않고 농산물을 재배하는 방법을 말해요.

· **우렁이 농법**
논에 우렁이를 풀어 잡초를 없애요.

· **천적 농법**
밭에 무당벌레를 풀어 진딧물을 없애요.

이달의 명절 | 부처님 오신 날 | 음력 4월 8일

동생이 건강하게 태어나게 해 주세요.

고미처럼 키 크고 싶어요.

음력 4월 8일은 석가모니가 태어나신 날이에요.
4월의 첫 번째 8일이라고 해서, '초파일'이라고도 불러요.
석가모니는 불교를 처음 세운 분이에요.
석가모니가 와서 지혜와 자비를 가르친 것을
감사드리는 뜻에서 거리 곳곳에 연등을 달아요.
저녁에는 절에 가서 탑돌이를 하며 소원을 빌기도 해요.

단오 음력 5월 5일

단오는 봄 농사를 마치고
여름이 시작될 무렵에 즐기는 태양의 축제예요.
옛날에는 무더운 여름을 건강하게 보내고, 한 해 농사를
잘 짓게 해 달라고 하늘에 제사를 지냈대요.
이런저런 놀이를 하면서 농사에 지친 몸과 마음도 달랬지요.
그네를 타고 하늘 높이 날아오르니 꼭 새가 된 것 같아요.
저 아래 씨름판은 응원하는 사람들로 들썩들썩해요.
올해 안녕 마을의 천하장사는 누가 될까요?

단오 | 음력 5월 5일

단옷날에는 창포 삶은 물로 머리를 감아요.
창포물에 머리를 감으면, 머리카락에
반들반들 윤이 나고 향긋한 냄새도 밴대요.
여자들은 창포 뿌리로 비녀를 만들어 머리에 꽂고,
남자들은 창포 뿌리를 허리춤에 차고 다니기도 했대요.
창포에 나쁜 기운을 물리치는 힘이 있다고 믿었거든요.

단오 부채
하얀 부채에 그림을 그려 더위를 쫓는 단오 부채를 만들어 보아요.

수리취떡
수리취나 쑥을 멥쌀가루와 섞어 찐 뒤,
수레바퀴 무늬를 찍은 떡을 먹어요.

앵두화채
단오 무렵 빨갛게 영그는 앵두를 따서
새콤달콤한 화채를 만들어 먹어요.

강릉 단오제

2005년 '유네스코 인류무형문화유산'으로 지정된 강릉 단오제는 강릉에서 먼 옛날부터 전해 내려온 축제예요. 신에게 바칠 술 빚는 일부터 시작해서 신을 모셨다가 다시 돌려보내기까지, 자그마치 한 달에 걸쳐 주민들이 정성스레 꾸려 가는 축제지요. 강릉 단오제 기간에는 신에게 올리는 제사, 단오굿, 관노 가면극, 강릉 농악 같은 다채로운 행사가 벌어져요. 강릉 단오제는 일제 강점기에도, 그리고 지금도 사라지지 않고 영동 지역 주민들의 마음을 하나로 묶어 주고 있어요.

관노 가면극
강릉 단오제 때 하는 탈놀이예요. 오로지 춤과 몸짓으로만 모든 것을 표현하는 우리나라의 하나뿐인 무언극이지요. 옛날에는 관청에 속한 노비(관노)들이 공연을 했대요.

이달의 기념일

어린이날 | 5월 5일

어린이날은 어린이를 어른과 다름없이 존중하자는 뜻에서, 1923년 5월 1일 방정환 선생님과 색동회에서 만들었어요. 우리 어린이들이 올바르고 슬기롭고 씩씩하게 자랐으면 하는 바람도 담겨 있지요. 일제 강점기에 잠시 사라지기도 했지만, 1945년 광복을 맞은 뒤 5월 5일로 바뀌어 지금까지 이어 오고 있어요.

소파 방정환 선생님
우리나라 최초로 어린이 문화 운동 단체인 '색동회'를 만들어 어린이 인권 운동을 펼친 분이에요. 아이를 부르는 순우리말 이름 '어린이'를 만들고, 어린이날을 정하고, 세계 최초로 어린이 인권 선언도 하셨지요.

말풍선: 어린이 여러분은 이 나라의 보배입니다. 미래의 희망이요, 주인공입니다.

어린이날의 약속

첫째, 어린이는 어른보다 더 새로운 사람입니다.
둘째, 어린이를 어른보다 더 높게 대접하십시오.
셋째, 어린이를 결코 윽박지르지 마십시오.
넷째, 어린이의 생활을 항상 즐겁게 해 주십시오.
다섯째, 어린이는 항상 칭찬해 가며 기르십시오.
여섯째, 어린이의 몸을 자주 주의하여 살펴 주십시오.
일곱째, 어린이에게 잡지(책)를 자주 읽히십시오.
세계 최초의 어린이 인권 선언문인 방정환의 어린이날 선언문 중
〈어린이날의 약속〉

세계의 어린이날

북한

북한에서는 6월 1일을 '국제 아동절'로 정해 기념해요. 평양에서는 외국인 어린이들과 함께 체육 대회랑 예술 공연을 한대요.

일본

일본은 3월 3일을 여자 어린이날 '히나마쓰리'로, 5월 5일을 남자 어린이날 '단고노셋쿠'로 나누어 기념해요. 히나마쓰리에는 집 안에 히나 인형을 장식하고, 단고노셋쿠에는 '고이노보리'라는 잉어 모양 깃발을 내걸어요.

터키

터키의 어린이날은 4월 23일이에요. 터키의 독립 기념일과 같은 날이지요. 이날부터 열흘에 걸쳐 축제를 벌이는데, 전 세계 어린이들을 초청해 다양한 행사를 한다고 해요.

멕시코

멕시코의 어린이날은 4월 30일이에요. 이날 어린이들은 과자와 사탕, 장난감이 가득 든 종이 인형 피냐타를 막대로 쳐서 터트리는 놀이를 해요.

스웨덴

스웨덴도 어린이날이 두 번 있어요. 여자아이들은 12월 13일 '성 루시아의 날'이, 남자아이들은 8월 7일 '바닷가재 축제일'이 어린이날이에요.

세계 어린이날

세계 어린이날은 11월 20일이에요. 어린이의 기본 권리인 생존권, 보호권, 발달권, 참여권을 존중하고 보호하자는 뜻에서 유엔에서 정한 날이에요.

와, 여름이다! 시원한 바닷가에 놀러 왔어요.
모래성을 쌓아 색색깔 조가비로 예쁘게 꾸며요.
둥둥 튜브를 타고 바닷속으로 풍덩!
신나는 물놀이에 온종일 지치는 줄도 몰라요.

이달의 행사 — 7월

야호, 신난다! 오늘부터 여름 방학이에요.
모두 방학 동안 하고 싶은 일이 잔뜩 있대요.
다람이, 보람이, 우람이는 수영을 배울 거래요.
하지만 그전에 실컷 놀기부터 할래요.
얘들아, 우리 뭐 하고 놀래?

여름 방학 생활 계획표 완성!
꼭 지켜야지.

물놀이 안전 수칙
- 물에 들어가기 전에는 반드시 준비 운동을 해요.
- 다리-팔-얼굴-가슴 순으로 물을 적시며 천천히 들어가요.
- 물에서 나올 때는 미끄러지지 않게 조심해요.
- 1시간에 10분씩 물 밖에 나와 쉬어요.
- 수영장에서는 수영복, 수영 모자, 물안경을 착용해요.

수영 교실
삼둥이랑 수영 교실에 왔어요.
안전 수칙을 잘 익힌 다음 수영장에 들어가요.

대한민국 헌법 1조
1. 대한민국은 민주 공화국이다.
2. 대한민국 주권은 국민에게 있고, 모든 권력은 국민으로부터 나온다.

제헌절(7월 17일)
대한민국 헌법을 처음 만들어 널리 알린 것을 기념하는 날이에요.

8월

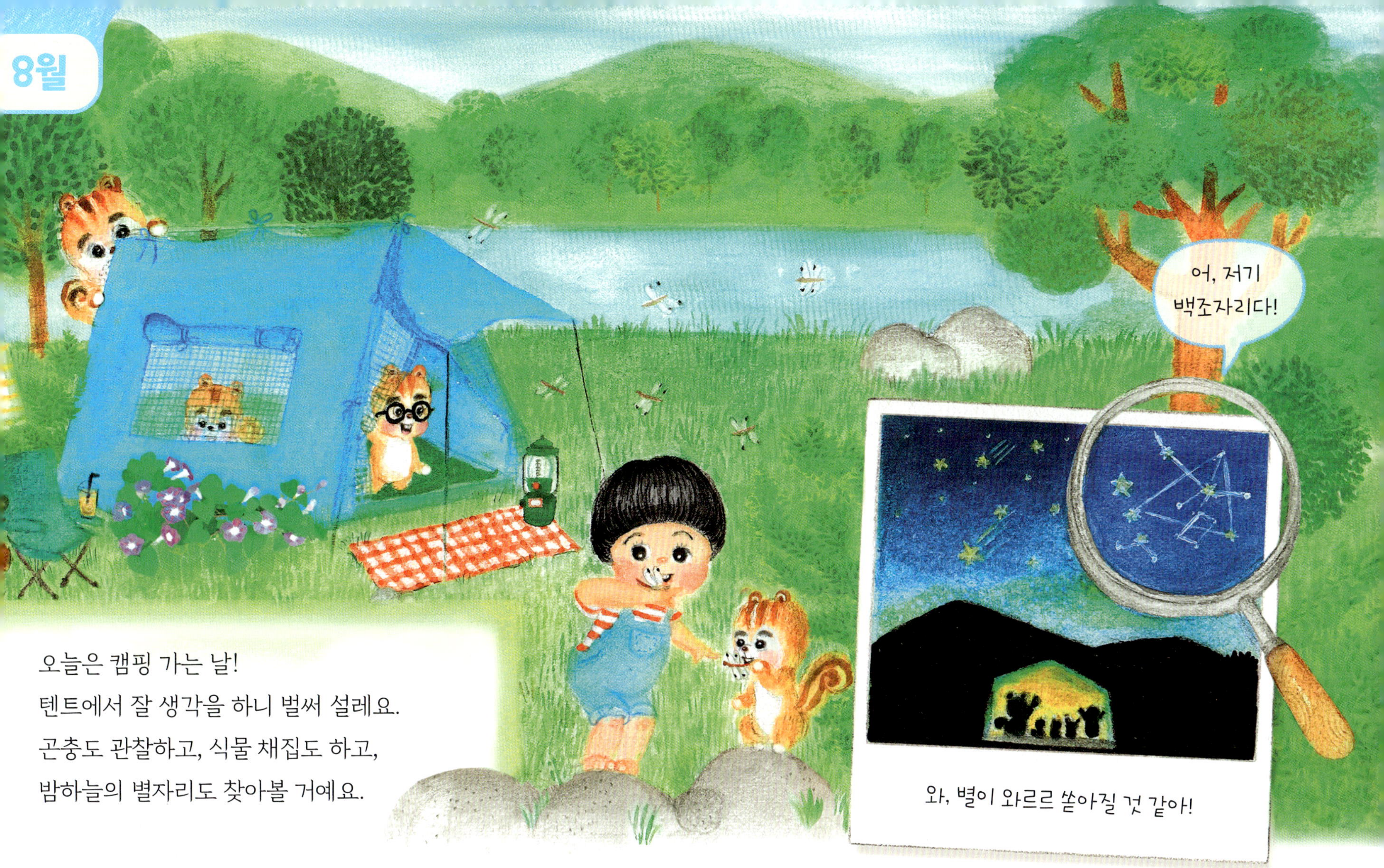
어, 저기
백조자리다!
와, 별이 와르르 쏟아질 것 같아!

오늘은 캠핑 가는 날!
텐트에서 잘 생각을 하니 벌써 설레요.
곤충도 관찰하고, 식물 채집도 하고,
밤하늘의 별자리도 찾아볼 거예요.

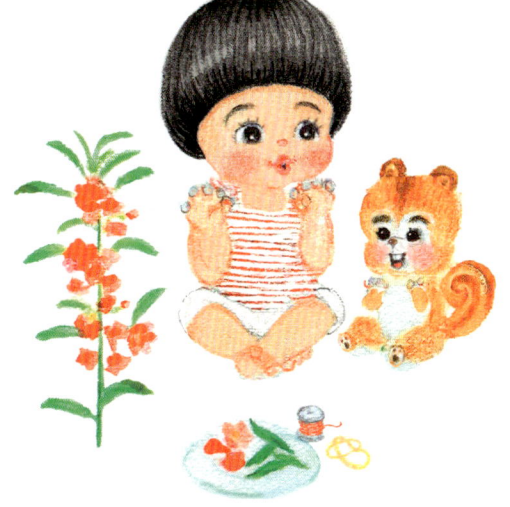

봉선화 꽃물

봉선화 꽃잎을 따다 손톱을 곱게 물들여요.
첫눈이 올 때까지 손톱에 봉선화 꽃물이
남아 있으면 첫사랑이 이루어진대요.

①
②
③
④

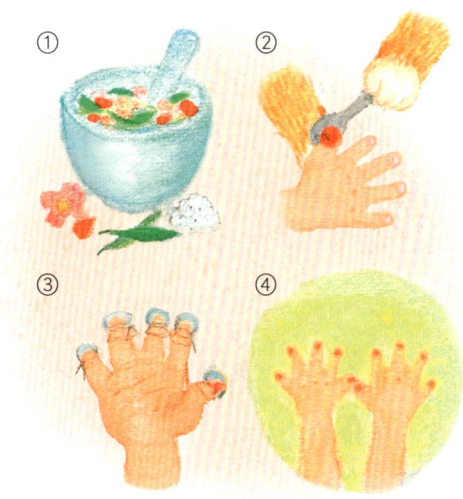

① 봉선화 꽃과 잎, 백반 가루를 절구에 넣고 콩콩 찧어요.
② 찧은 봉선화를 동그랗게 뭉쳐 손톱 위에 얹어요.
③ 비닐로 감싼 뒤 실이나 고무줄로 묶어요.
④ 하룻밤 자고 나면 손톱에 예쁘게 물이 들어요.

독립 기념관

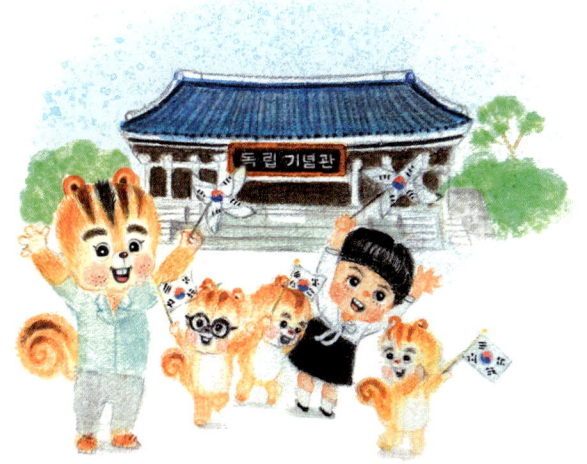

광복절(8월 15일)

우리나라가 일본에게 빼앗겼던
주권을 되찾은 날이에요.

이달의 절기

소서 | 더위의 시작 | 7월 7일 무렵

소서는 '작은 더위'라는 뜻이에요. 이제부터 본격적인 더위가 시작돼요.
비가 자주 와서 습도가 높은 때이기도 하지요.
과일과 채소가 많이 나고, 곡식들도 부쩍부쩍 자라요.

비 오는 날 안전 수칙
· 날이 어두우니까 밝은색 옷을 입어요.
· 길이 미끄러울 수 있으니 바닥이 울퉁불퉁한 신발을 신어요.
· 우산은 눈높이보다 높이, 똑바로 들고 앞을 잘 보며 걸어요.
· 넘어져도 손으로 짚을 수 있도록, 우산을 들지 않는 손에는 물건을 들지 않아요. 가방은 꼭 등에 메고요.

대서 | 가장 더운 때 | 7월 23일 무렵

대서는 '염소 뿔도 녹는다'는 말이 있을 정도로 일 년 중 가장 더운 때예요.
장마가 끝나면 무더위가 찾아오는데, 이때를 '삼복더위'라고 해요.
초복, 중복, 말복을 통틀어서 삼복이라고 하지요.
대서는 삼복 중에서도 가장 더운 중복 무렵이고요.
복날에는 몸에 좋은 음식을 챙겨 먹고, 더위를 피해 쉬면서 건강을 잘 돌봐요.

건강한 여름나기
· 실내는 적정 온도인 26~28도를 유지해 바깥과 온도 차를 줄여요.
· 냉방을 계속할 경우에는 1~2시간에 10~20분씩 환기를 해요.
· 음식물은 꼭 익혀 먹고, 오래 두지 않아요.
· 수박, 참외, 토마토 같은 제철 과일로 영양과 수분을 보충해요.

입추 | 가을의 시작 | 8월 8일 무렵

입추란 가을에 들어섰다는 뜻이에요. 아직 늦더위가 남아 있지만
밤에는 선선한 바람이 불기 시작해요.
수확을 앞두고 모든 농작물이 무르익을 때예요.
벼도 한창 여물어 가는 때라, 입추부터 처서까지 비가 안 오면 풍년이 든대요.

무와 배추 심기
입추 무렵에 김장용 무와 배추를 심어요.

벼 이삭
볼록볼록 벼 이삭이
패기 시작해요.

처서 | 더위가 그치는 때 | 8월 23일 무렵

처서는 여름이 가고 가을이 드는 때예요.
더위가 가시고 아침저녁으로 서늘한 기운이 느껴져요.
여름내 눅눅해진 책과 옷 따위를 가을볕과 바람에 말려요.

이맘때의 복숭아가 제일 맛있대!

귀뚜라미
날이 서늘해지면서 파리나 모기가
점점 줄어들고 귀뚜라미가 나와요.

칠석 음력 7월 7일

칠석은 견우와 직녀가 만나는 날이에요.
옛날 옛적 하늘나라에 소를 돌보는 견우와 옷감을 짜는 직녀가 있었어요.
사랑에 빠진 두 사람은 일은 내팽개쳐 두고 날마다 놀러만 다녔대요.
그 모습을 보고 화가 난 옥황상제는 견우는 은하수 동쪽으로,
직녀는 은하수 서쪽으로 보내 둘을 갈라놓았어요.
한 해에 딱 한 번 칠석에만 만나라면서요. 하지만 은하수를 건널 길이 없어
둘 다 발만 동동 구르고 있었지요. 그런 둘을 딱하게 여긴 까마귀와 까치들이
날개를 잇대어 은하수에 다리를 놓아 주었어요. 그래서 칠석 다음 날에는
까마귀와 까치 머리가 홀랑 벗겨져 있대요.

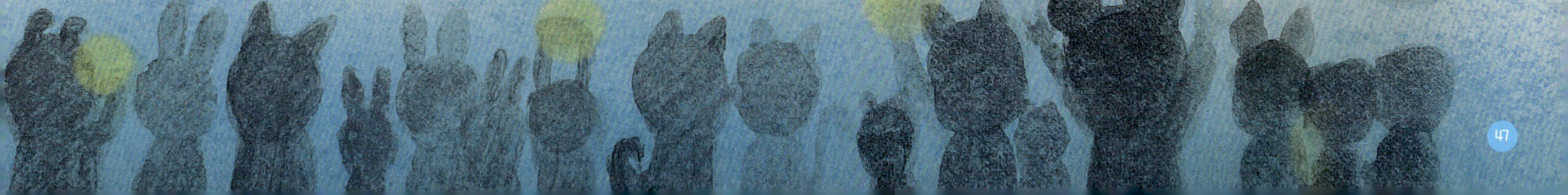

백중　음력 7월 15일

'백중날은 논두렁 보러 안 간다'는 옛말이 있어요.
백중 무렵이면 큰 농사일은 거의 끝나는 터라
이날만큼은 자유롭게 먹고 놀고 쉬면서 보냈거든요.
안녕 마을에서는 요즘도 갖가지 음식을 차려 놓고,
온종일 풍물을 울리며 떠들썩하게 놀아요.

시원한 여름철 별미

양푼비빔밥

① 오이, 당근, 깻잎, 상추 같은 갖가지 채소를 먹기 좋은 크기로 썰어요.
② 커다란 양푼에 밥을 담고, 준비한 채소를 넣어요.
③ 참기름과 깨소금, 고추장을 넣고 슥슥 비벼요.

집에 있는 열무김치나 깍두기를 넣으면 더 맛있어요.

오이냉국

① 오이를 송송 채 썬 뒤 국간장, 다진 파와 마늘, 고춧가루를 넣고 잘 섞어요.
② 큰 그릇에 찬물을 붓고 식초, 설탕, 소금을 넣어 새콤한 국물을 만들어요.
③ 국물에 양념한 오이를 넣고 섞어요.

딸기 맛, 바나나 맛, 초코 맛 같이 다양한 우유를 얼려 나만의 빙수를 만들어 보아요.

우유빙수

① 우유를 지퍼 백에 부은 뒤 입구를 꼭 잠가요. 냉동실에 넣고 3시간 넘게 얼려요.
② 꽁꽁 언 우유를 방망이로 두드려 잘게 부숴요.
③ 잘게 부순 우유 얼음을 그릇에 산처럼 담고 그 위에 단팥, 연유, 과일, 젤리 따위를 마음껏 올려요.

참외나 복숭아 같은 다른 과일을 곁들여도 좋아요.

수박화채

① 수박을 반으로 갈라요.
② 숟가락으로 수박 속을 동그랗게 파내 커다란 그릇에 담아요.
③ 우유, 사이다, 꿀이나 설탕을 넣고 잘 섞어요.

하늘은 드높고 바람은 선선한 가을이에요.
마을 뒷산은 알록달록 단풍이 들었어요.
저마다 고운 옷을 갈아입은 나무들을 보니
내 마음도 고운 빛으로 물들어요.

이달의 행사 — 9월

오늘은 즐거운 가을 운동회 날이에요.
전교생이 청군과 백군으로 나뉘어 시합을 해요.
폴짝폴짝 줄넘기는 청군 승리! 데굴데굴 공굴리기는 백군 승리!
두 팀이 막상막하예요. 과연 어떤 팀이 우승을 차지할까요?

날쌘돌이 토야가 계주에서 일등을 했어요!

도서관 이용 수칙
- 책을 소중히 다뤄요.
- 반납일은 정확히 지켜요.
- 다 읽은 책은 정해진 곳에 두어요.
- 큰 소리로 떠들거나 뛰지 않아요.
- 도서관 안에서 음식을 먹지 않아요.

독서의 계절
가을을 맞아 도서관에서는 다양한 독서 행사가 열려요.

10월

오늘은 고구마 캐기 체험 학습 날이에요.
직접 캔 고구마를 바로 구워 먹으니 정말 꿀맛이에요.
잔뜩 캐다가 가족이랑 친구들에게도 나눠 줄 거예요.

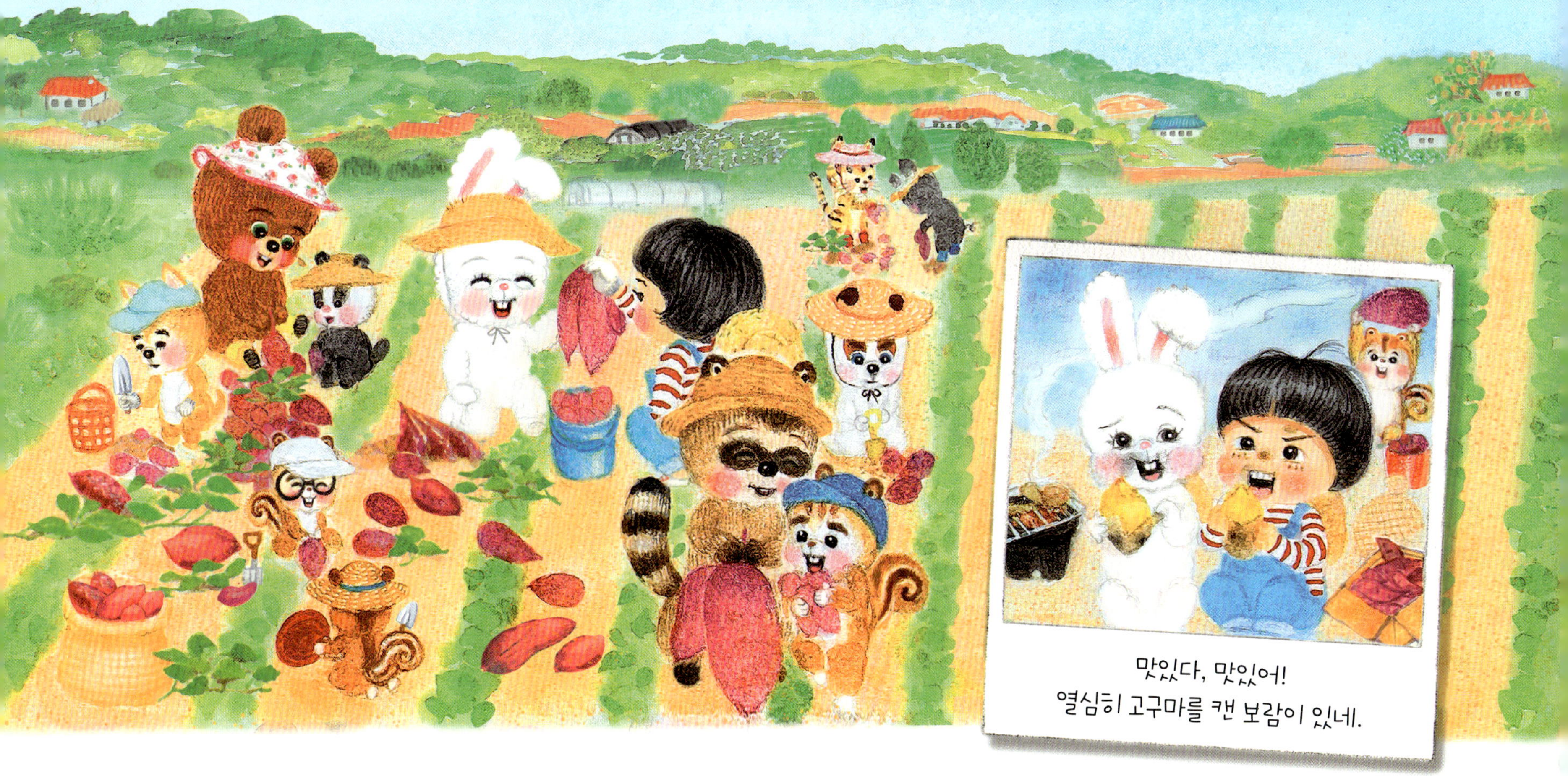
맛있다, 맛있어!
열심히 고구마를 캔 보람이 있네.

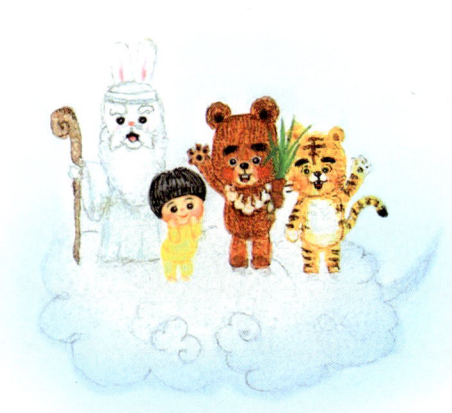

개천절(10월 3일)
단군이 우리 민족의 첫 국가인 고조선을
세운 것을 기념하는 날이에요.

세종 대왕
한글날

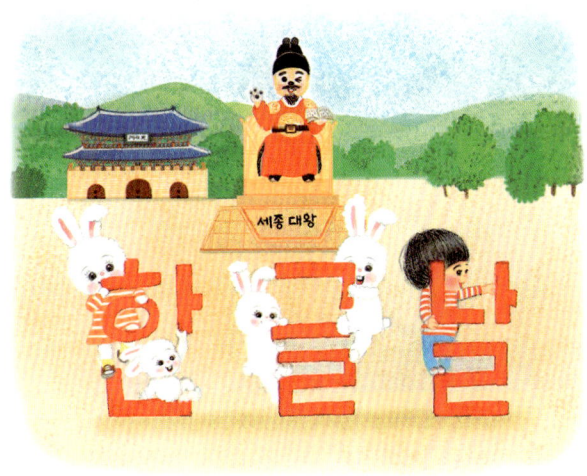

한글날(10월 9일)
세종 대왕이 한글을 만들고
널리 알린 것을 기념하는 날이에요.

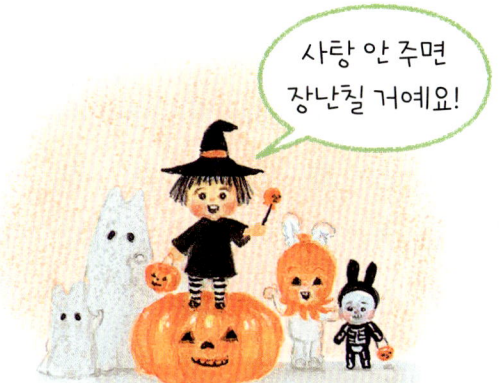

사탕 안 주면
장난칠 거예요!

핼러윈(10월 31일)
고대 켈트족 풍습에서 비롯된 서양 명절이에요.
죽은 사람들의 영혼과 함께 찾아온 마녀와 악령이
해코지를 못 하도록 기괴한 분장을 한대요.

이달의 절기

백로 | 이슬이 내리기 시작하는 때 | 9월 9일 무렵

백로는 '흰 이슬'이란 뜻이에요.
이즈음에는 밤 기온이 내려가면서 풀잎에 이슬이 맺히기 시작해요.
맑은 날이 계속되고 곡식과 과일이 무르익어요.

포도순절
백로부터 추석까지는 포도가 익어 가는 때예요.
그래서 옛사람들은 이 무렵이면 편지에
'포도순절(葡萄旬節)에'라는 말을 넣곤 했대요.
'포도가 맛있는 계절'이라는 뜻이지요.

추분 | 밤낮의 길이가 같아지는 날 | 9월 23일 무렵

밤낮의 길이가 똑같다가 추분이 지나면 밤이 점점 길어져요.
논밭의 곡식을 거둬들이는 가을걷이가 시작되는 때지요.
채소와 버섯, 산나물을 말려 겨우내 먹을 반찬거리도 마련해요.

햇곡식과 햇과일
올해 난 곡식과 과일을 먹어요.

한로 | 찬 이슬이 맺히기 시작하는 때 | 10월 8일 무렵

이슬이 찬 공기를 만나 서리로 변하기 직전이에요.
더 추워지기 전에 얼른 추수를 끝내야 해요.
요즘엔 콤바인으로 벼를 베면서 낟알을 거둘 수 있대요.

철새 이동
여름새인 제비는 따뜻한 남쪽 나라로 떠나고,
겨울새인 기러기가 돌아와요.

추어탕
미꾸라지는 가을에
살찌는 물고기라 '추어'라고 해요.
통통하게 살이 오른 미꾸라지로
영양을 보충하고 기운을 북돋아요.

상강 | 서리가 내리기 시작하는 때 | 10월 23일 무렵

낮에는 맑은 날씨가 이어지지만,
밤에는 기온이 뚝 떨어져 서리가 내리기도 해요.
단풍이 가장 아름다운 때라 가을 나들이 가기 좋아요.

겨울잠
동물들이 겨울잠을 잘
보금자리를 만들기 시작해요.

국화
국화가 활짝 피는 때예요.
향긋한 국화로 만든
다양한 음식을 먹어요.

이달의 명절 — 추석 (음력 8월 15일)

추석은 일 년 중 가장 큰 보름달이 뜨는 날이에요.
'한가위'라고도 부르지요. '한'은 '크다'는 뜻이고
'가위'는 '가운데'라는 뜻이에요.
가을의 한가운데에 있는 춥지도 덥지도 않은 때,
봄부터 가꾼 곡식이며 과일이 무르익는 때예요.
그래서 옛 어른들은 '더도 말고 덜도 말고
한가위만 같아라'라고 하셨대요.
추석에는 햇과일과 햇곡식으로 차례를 지내고,
가족은 물론 이웃과도 나눠 먹어요.

> 송편을 예쁘게 빚으면 예쁜 아이를 낳는대요!
> 엄마 아빠 송편 빚는 솜씨가 좋아서 너희가 이렇게 예쁜 거구나!
> 나는 밤 송편이 제일 좋아!
> 나는 깨 송편!

차례상 차림

차례는 설이나 추석 같은 명절에 온 가족이 모여 조상님께 올리는 제사예요.
상차림은 지역마다 집집마다 조금씩 다르지만, 큰 틀에서는 다르지 않아요.

차리는 법

상은 북쪽을 향하게 놓고, 맨 윗줄 가운데에 신위를 놓아요.
신위를 바라봤을 때 왼쪽이 서쪽, 오른쪽이 동쪽이 되는 것이지요.
*신위는 조상님의 이름을 적은 나무패를 말해요. 사진으로 대신하기도 해요.

1열 밥과 국, 수저와 술잔을 올려요.
설날에는 밥 대신 떡국을, 추석에는 송편을 올리기도 해요.

2열 적과 전을 올려요. 적은 불에 구운 음식을 말하고, 전은 밀가루를 묻혀 기름에 지진 음식을 말해요.

3열 육탕(고기), 소탕(두부, 채소류), 어탕(생선) 순으로 올려요.
탕은 홀수로 준비해요. 세 가지 재료를 섞어 탕을 끓이기도 해요.

4열 포와 나물, 고춧가루를 쓰지 않은 김치, 식혜를 올려요.

5열 과일과 과자를 올려요.

'추석'은 가을 달빛이 가장 좋은 밤이라는 뜻이에요.
보름달이 떠오르는 걸 보며 소원을 빌면 이루어진대요.
어느새 둥근 달이 하늘 높이 떠올랐어요.
환한 달빛 아래 다 같이 모여 강강술래를 해요.
"달 떠 온다, 달 떠 온다, 강강술래.
뛰어 보세, 뛰어 보세, 강강술래."

중양 | 음력 9월 9일

중양절은 산에 올라가 단풍을 즐기는 날이에요.
봄에는 삼짇날 꽃놀이를 가고, 가을에는 중양절 단풍놀이를 가지요.
철따라 자연을 즐기던 풍습이 오늘날까지 이어지고 있는 거예요.

삼짇날 왔던 제비가 남쪽으로 돌아가나 봐요.

가을 소품 만들기

낙엽 캔들 홀더

① 입구가 넓은 유리병이나 유리컵을 준비해요.

② 단풍잎을 두꺼운 책 사이에 반듯하게 넣고 2~3일을 두어요.

③ 유리병에 목공 풀로 단풍잎을 붙여 장식해요.

④ 병 안에 예쁜 초를 넣고 켜면 완성이에요.

낙엽 모빌

① 단풍잎과 나무 열매, 길쭉한 나뭇가지를 깨끗이 씻어 말려요.

② 나뭇가지에 서로 길이가 다른 실을 3~4개 묶어요.

③ 목공 풀이나 테이프를 써서 단풍잎과 나무 열매를 실에 붙여요.

④ 나뭇가지 가운데 노끈이나 리본을 묶어 벽에 달아요.

낙엽 리스

① 두꺼운 종이를 도넛 모양으로 오려 틀을 만들어요.

② 단풍잎, 나무 열매, 리본 따위를 목공 풀로 틀에 붙여 예쁘게 꾸며요.

③ 리스에 노끈으로 고리를 달아 문이나 벽에 걸어요.

나뭇가지 액자

① 길쭉한 나뭇가지 4개를 깨끗이 씻어 말려요.

② 나뭇가지를 노끈으로 묶어 네모난 틀을 만들어요.

③ 틀 위쪽 가운데에 노끈으로 고리를 만들어 달아요.

④ 그림이나 사진에 목공 풀을 발라 틀에 붙이면 액자 완성!

온 세상이 하얗게 변했어요! 밤새 함박눈이 내렸나 봐요.
커다란 눈사람도 만들고, 씽씽 썰매도 타고,
온종일 추운 줄도 모르고 신나게 놀아요.

나비와 두기네와 함께한
11월·12월

이달의 행사 11월

오늘은 김장하는 날이에요.
안녕 마을에선 여러 집이 어울려 김장을 해요.
겨우내 먹을 김치를 담그려면 일손이 많이 필요하거든요.
속이 꽉 찬 노란 배추에 빨간 양념을 척척 바르면……
보기만 해도 벌써 군침이 돌아요!

갓 담근 김치는 참 맛나요!
두기에게는 김치가 조금 맵나 봐요.

김치 담그는 법
외국에서 온 나비네 아빠는 김치를 처음 담근대요.
마을 어른이 김치 담그는 법을 차근차근 알려 주었어요.

① 반을 가른 배추를 소금물에 넣고 10시간 넘게 절여요.
② 절인 배추를 채반에 놓고 물기를 빼요.
③ 채 썬 무에 젓갈, 고춧가루, 소금, 다진 마늘 같은 양념을 넣고 잘 버무려 김칫소를 만들어요.

④ 절인 배춧잎 사이사이에 김칫소를 고루 채워 넣어요.
⑤ 동그랗게 오므려 김치 통에 차곡차곡 담아요.

수능 시험
해마다 11월 둘째 또는 셋째 주 목요일에 대학 수학 능력 시험을 치러요.

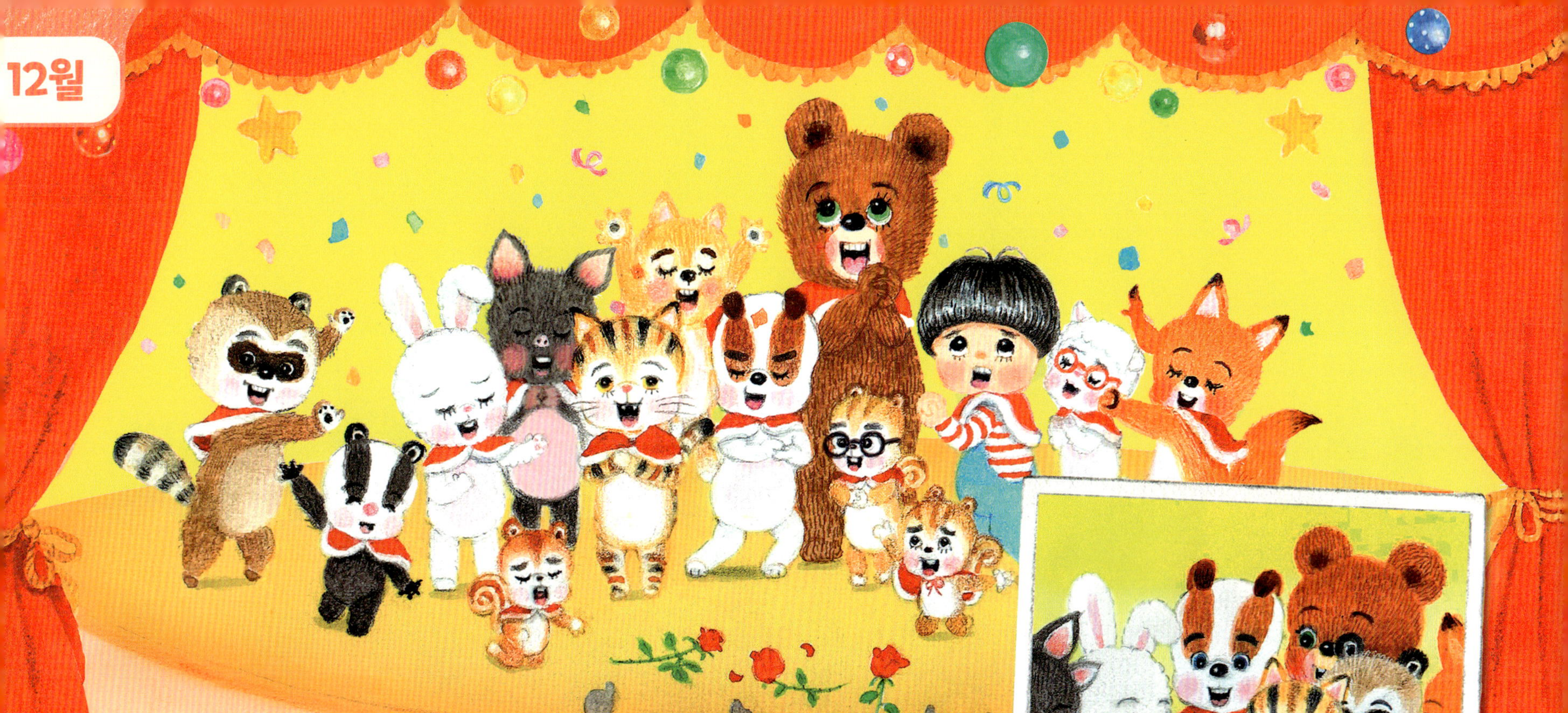

12월

드디어 학예회 날 아침이 밝았어요.
지난 일 년 동안 학교에서 배운 것들을 가족 앞에 선보이는 날이에요.
우리가 만든 작품 전시도 하고, 열심히 준비한 연극 공연도 할 거예요.
아, 실수하면 어쩌죠? 너무 떨려요!

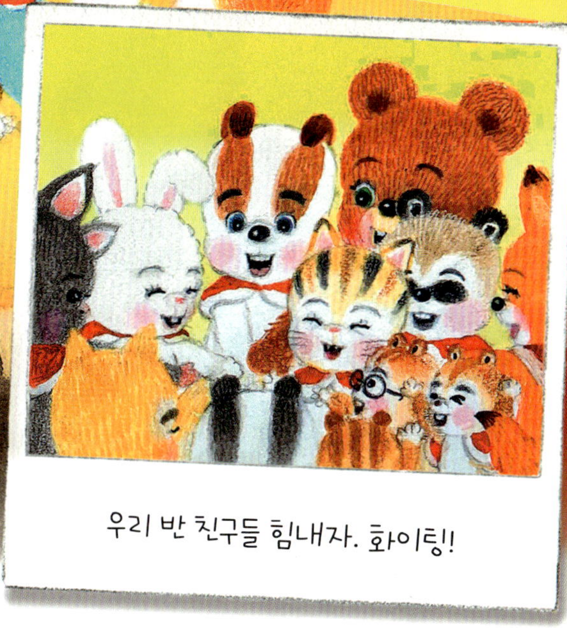

우리 반 친구들 힘내자. 화이팅!

겨울 방학
나비랑 두기는 방학 동안
바다 건너에 사는 할머니 댁에
놀러 갈 거래요

세계 인권 선언 기념일(12월 10일)
사람은 누구나 태어날 때부터 존엄하고
누구나 평등한 권리를 가졌다고,
유엔 총회에서 선언한 날이에요.

올해도 고생했어요!
새해에도 잘 지내요!

제야의 종소리
해마다 12월 31일 밤 12시가 되면
보신각종을 33번 쳐요.
묵은해가 가고 새해가 왔다고 알리는 거예요.

이달의 절기

입동 | 겨울의 시작 | 11월 8일 무렵

입동은 겨울에 들어선다는 뜻이에요. 집집마다 겨울 채비에 바빠요.
먼저 겨울옷과 겨울 이불을 꺼내 정리하고, 난방 기구도 점검해요.
창이나 문틈으로 찬바람이 들어오지 못하도록 문풍지도 붙여요.

김장과 메주 쑤기
입동에는 김장을 하고 메주를 쑤어요.
그해 날씨에 따라 시기는 조금씩 다르지만,
집집마다 솜씨를 부려 김장을 담그고 메주를 쑤지요.
메주는 간장, 된장, 고추장의 주재료예요.

소설 | 얼음이 얼기 시작하는 날 | 11월 22일 무렵

소설은 첫눈이 내리고 추위가 시작되는 때예요.
아직 한겨울만큼 춥지는 않지만, 살얼음이 끼기 시작해요.
세찬 바람이 매섭게 불어오기도 해요.

와, 첫눈이다!

겨울철 감기 예방
· 밖에 나갔다 들어오면 손을 깨끗이 씻어요.
· 귤, 모과, 유자처럼 비타민이 풍부한 과일을 먹어요.
· 독감 예방 접종을 해요.
· 실내가 건조하지 않게 젖은 수건을 널거나 가습기를 틀어요.

대설 | 눈이 펄펄 내리는 날 | 12월 7일 무렵

눈이 가장 많이 오는 때예요.
대설에 눈이 많이 내리면 이듬해 풍년이 든다고 해요.
눈이 땅을 뒤덮으면 보온 효과가 생겨서 보리가 잘 자라거든요.
땅속 곤충들도 얼어 죽지 않고 무사히 겨울을 날 수 있지요.

눈 오는 날 안전 수칙
· 물이 잘 스며들지 않는 긴 옷을 입고 장갑을 껴요.
· 눈 색깔과 잘 구별되지 않는 흰 옷은 피하고, 눈에 잘 띄는 색깔 옷을 입어요.
· 눈길을 걸을 때는 주머니에 손을 넣지 않아요.
· 발걸음 폭을 좁게 잡고 바닥을 보며 걸어요.

동지 | 밤이 가장 긴 날 | 12월 22일 무렵

일 년 중 밤이 가장 긴 날이에요.
동지가 지나면 해가 다시 길어지기 시작해서 '작은 설'이라고도 불러요.
동지에는 귀신이나 질병이 물러가길 바라며 붉은 팥죽을 먹어요.

달력 선물하기
옛날에는 동지를 24절기의 시작으로 여겨 달력을 만들어 주고받았어요. 이 풍습이 오늘날까지 이어져 연말이면 달력을 선물해요.

이달의 기념일

크리스마스 | 12월 25일

크리스마스는 아기 예수님의 탄생을 축하하는 날로
'성탄절'이라고도 해요.
기독교의 명절이지만 오늘날에는 종교와 상관없이
모두가 즐기는 축제가 되었어요.
12월이 되면 거리마다 캐럴이 울려 퍼지고,
예쁜 크리스마스트리와 장식이 눈을 즐겁게 해요.
가족이나 친구끼리 카드와 선물을 주고받기도 하지요.
크리스마스 전날, 머리맡에 양말을 걸어 두고 자면
산타클로스가 착한 일을 한 어린이에게
멋진 선물을 갖다주신대요.

메리 크리스마스!
행복한 성탄 보내세요.

세계의 크리스마스

호주

호주는 한여름에 크리스마스를 맞이해요. 햇살이 내리쬐는 바닷가에서 반바지 차림을 한 산타클로스가 선물을 나눠 주지요.

네덜란드

네덜란드에서는 산타클로스가 12월 5일에 하얀 말을 타고 마을을 돌며 선물을 나눠 준대요. 산타클로스 전설을 낳은 성 니콜라스 신부님의 생일이 12월 6일이기 때문이지요.

영국

크리스마스 전날에 벽난로 앞에 통나무를 놓고 그 위에 앉아 새해 소망을 빌어요. 그런 다음 통나무를 쪼개 벽난로에 넣고 불을 피우면 소원이 이뤄진다고 해요.

인도

기독교를 믿는 사람이 드문 인도에서는 크리스마스를 소박하게 보내요. 크리스마스트리도 전나무 대신 망고나무나 바나나로 만든대요.

아일랜드

크리스마스 전날이면 창문을 조금씩 열고 창문 앞에 촛불을 켜 둬요. 마리아와 요셉이 아기 예수를 낳을 곳을 찾아 헤매지 않도록 말이에요.

우크라이나

우크라이나에서는 거미줄로 크리스마스트리를 장식해요. 옛날에 어떤 엄마가 너무 가난해서 아이들에게 크리스마스트리를 만들어 주지 못하자, 거미들이 거미줄로 멋진 장식을 만들어 준 데서 비롯된 풍습이라고 해요.

처음 안녕 마을에 왔을 때는 길 줄만 알았던
한 해가 정말 눈 깜짝할 사이에 가 버렸어요.
안녕 마을에서 한 해를 보내면서,
해마다 돌아오는 명절과 기념일, 계절에 따른 풍습이
하나하나 특별한 의미가 있다는 걸 알게 되었어요.
오늘에 맞게 조금씩 바꾸어 가며
소중하게 이어 가야겠다는 생각도 들었고요.
안녕 마을 친구들과 함께한 하루하루,
오래오래 잊지 못할 거예요.
또 놀러 올게요, 안녕!

박보미 글, 그림

소미가 되어 동물 친구들과 기나긴 여행을 막 마치고 돌아온 지금, 나를 둘러싼 모든 것들이 선명해지고 새삼 소중하게 느껴져요. 늘 푸른 숲처럼 나를 감싸 주는 친구들, 하늘과 바다 같은 너른 품으로 힘껏 안아 주시던 그리운 할머니와 할아버지, 꽃이나 잎, 열매, 그 무엇도 아닌 그저 씨앗인 채로도 충분하다고 여겨 주는 햇살 같은 나의 가족…… 모두 사랑합니다.
쓰고 그린 책으로 《첫눈》, 《울트라 비밀 권법》이 있어요.

지식곰곰 08

오늘이 특별해지는 명절·절기·세시 풍속

안녕? 열두 달

ⓒ박보미, 2022

초판 1쇄 발행 2022년 1월 21일 | 초판 5쇄 발행 2025년 9월 23일 | ISBN 979-11-5836-305-5, 978-89-93242-95-9(세트)
펴낸이 임선희 | 펴낸곳 ㈜책읽는곰 | 출판등록 제2017-000301호 | 주소 서울시 마포구 성지길 48
전화 02-332-2672~3 | 팩스 02-338-2672 | 홈페이지 www.bearbooks.co.kr | 전자우편 bear@bearbooks.co.kr
SNS Instagram@bearbooks_publishers | 편집 우지영, 우진영, 이다정, 최아라, 박혜진, 김다예, 윤주영, 도아라 | 디자인 강효진, 강연지, 윤금비 | 마케팅 정승호, 배현석, 김선아, 이서윤, 백경희, 김현정 | 경영관리 고성림, 이민종 | 저작권 민유리
협력업체 이피에스, 두성피앤엘, 월드페이퍼, 원방드라이보드, 해인문화사, 으뜸래핑, 문화유통북스

이 책은 저작권법에 따라 보호받는 저작물이므로 무단 전재와 무단 복제를 금합니다.
이 책 내용의 전부 또는 일부를 사용하시려면 반드시 저작권자와 출판사의 동의를 얻어야 합니다.

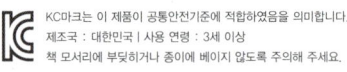

KC마크는 이 제품이 공통안전기준에 적합하였음을 의미합니다.
제조국 : 대한민국 | 사용 연령 : 3세 이상
책 모서리에 부딪히거나 종이에 베이지 않도록 주의해 주세요.